AF583443

SETTLERS OF NOWHERE

This book contains the original lyrics of the musical album:
SETTLERS of NOWHERE
as well as their rendering in Greek, done by Andreas Pantazis.
The songs of this poetic album were recorded by Andreas himself, at his home studio, in the period 2020-2021.
Andreas Pantazis: Lyrics, Music, Voice & Guitar.

Special thanks to my friend Nikos Trigas, who handled a collection of rather lonely sounds and masterfully brought them into a fine attunement.

This book has been written without the assistance of Artificial Intelligence

---

Author: Andreas Pantazis
https://andreaspantazis.gr
e-mail: andreaspantazis@hotmail.gr
Front cover photo: Andreas Pantazis
Back cover photo: Andreas & Daphne Pantazis
Editing by Andreas Pantazis & (in part) by Katerina Papadimitriou
Writer's photo (pg 53): Theodoros Dremetsikas
Production supervisor: Platon Malliagkas
www.carpelibrum.gr

ISBN 978-618-5186-55-5

Andreas Pantazis

SETTLERS of NOWHERE

To my mother, Eoanna

CONTENTS

ΠΕΡΙΕΧΟΜΕΝΑ

1. Wake Up

A little time ago, it was me in my mind
I voted for you... and the dream I have is not mine
A pack of bankers sent me back to the Stone Age
The person I knew waves at me from a lost page
The planet's on fire and colors are on the run
Brainwashing has left us all deaf and dumb

Wake up and wake up again
Rise from the cities of living dead
Wake up and wake up again
Hear the voices of suffering Earth
Wake up and wake up again

Wild users along the streets blind and spent
Buses and trains in nowhere circles on end
Birds, animals, forests and the ice out of view
Lost my memories to a basket of poisoned food
Planes, warships and raids of spying drones
The freedom you stood for smoke
And a heap of stones

Wake up and wake up again
Rise from the cities of living dead
Wake up and wake up again
Hear the voices of suffering Earth
Wake up and wake up again

21/1/20

1. Ξύπνα

Πριν λίγο καιρό, ήμουν εγώ μες στο μυαλό μου
Σε ψήφισα, και τ' όνειρο που έχω δεν είναι πια δικό μου
Μια αγέλη τραπεζίτες μ' έσυρε στη λίθινη εποχή
Το πρόσωπο που ήξερα μου γνέφει
Από μια σελίδα που έχει χαθεί.
Ο πλανήτης καίγεται, τρέχουν τα χρώματα να σωθούν
Η πλύση εγκεφάλου μάς άφησε μουγγούς,
Και κουφούς που ακούν.

Ξύπνα και πάλι ξύπνα
Σήκω, πάνω απ' τις πόλεις των ζωντανών-νεκρών.
Ξύπνα και πάλι ξύπνα
Άκου τις φωνές της γης, τον στεναγμό των θαλασσών
Ξύπνα και πάλι ξύπνα.

Σωριασμένα ναυάγια μες στα σοκάκια, άδεια σακιά,
Τραίνα και λεωφορεία, σε κύκλους του πουθενά
Ζώα, δάση, πουλιά και πάγοι, σβήνουν στο κενό
Τη μνήμη μου έχασα για ένα πιάτο μολυσμένο φαγητό
Πλοία, αεροπλάνα και drones κατασκοπευτικά
Καπνός η ελευθερία σου
Κι ένας σωρός σπασμένα γυαλιά.

Ξύπνα και πάλι ξύπνα
Σήκω, πάνω απ' τις πόλεις των ζωντανών νεκρών
Ξύπνα και πάλι ξύπνα
Άκου τις φωνές της γης, τον στεναγμό των θαλασσών
Ξύπνα και πάλι ξύπνα.

2. Oblivion Frost

In the city of oblivion frost
All things came to a halt
Like the hands of a rundown clock
In this grey wreckage yard
Like the cricket on one night stand
I am putting color on the canvas of dark

For the days are passing by
For the children asking again why
I' m holding to your absence
Day after day, mile after mile

And I watch for the statue in the rain
Mock-voting and paying bills
With nothing else to say
Like rain water I' m running down your lips
Coming wild to rise you with a kiss

I can hear your silent harp
I lost you on the roads of sand
I grope for you on the stage of a rock band
All the desert of my land
Lies restless in your palm
And I slip through your fingers like a falling star

For the days are passing by
For the children asking again why
I' m holding to your absence
Day after day, mile after mile

No sign of you in this blind market place
Codes, deals and numbers covering your face
And if I lose you to the images of this machine
I'll find you there, somewhere in my dream

19/8/15, Rev. 1/12/19

2. Η παγωνιά της λήθης

Η πόλη μες στη λήθη και την παγωνιά
Στέκει ακίνητη, νεκρή φύση που παραμιλά.
Οι δείχτες του ρολογιού δεν γυρνάνε πια
Και το ναυάγιο μετανιώνει μέσα στη σκουριά.
Σαν γρύλλος τραγουδώ κάθε βραδιά
Και βάζω χρώμα στο σκοτάδι του καμβά.

Γιατί οι μέρες περνάνε βιαστικά
Γιατί με ρωτάνε πάλι τα παιδιά
Κρατιέμαι απ' την απουσία σου σφιχτά
Μέρα τη μέρα, δρόμο τον δρόμο.

Βλέπω το άγαλμα μες στις βροχές
Να πληρώνει δόσεις κι εισφορές
Και μετά, να κάνει πως ψηφίζει στις εκλογές.
Είμαι μια μικρή σταγόνα της βροχής
Που κυλάει στα χείλη σου και χρονοτριβεί
Ώσπου να σ' αναστήσω, με το πιο βαθύ φιλί.

Σ' ακούω, με την άρπα των ματιών σου να μιλάς
Δεν σε βλέπω μες στη σκόνη
Που σηκώνεται όταν ξεχνάς
Σε ψάχνω στην εξέδρα μιας μπάντας ροκ,
Που ξενυχτά.
Μια χούφτα άμμος οι πόλεις που ζω
Κι ανάμεσα στα δάχτυλα γλιστράω σαν νερό
Μετέωρο, που πέφτει ξαφνικά από τον ουρανό.

Γιατί οι μέρες περνάνε βιαστικά
Γιατί με ρωτάνε πάλι τα παιδιά
Κρατιέμαι απ' την απουσία σου σφιχτά
Μέρα τη μέρα, δρόμο τον δρόμο.

Κανένα ίχνος από σένα στην αγορά.
Συμβόλαια, κώδικες και αριθμοί
Καλύπτουν το πρόσωπό σου κάθε φορά.
Κι αν σε χάσω
Μέσα στις εικόνες
Που βγάζει καρέ καρέ η μηχανή
Εγώ θα σ' εύρω πάλι εκεί
Απ' όπου δεν έφυγες στιγμή.

3. Rotten Logic

Red lights on and shootings in my mind
Flashes on the screen, the living run to hide
Time after time, pushing buttons overnight
How can I touch you, it doesn't feel right
The lovers wither away, in a daily exchange
And rotten logic feeds, the shadows of my trade
All night I miss the truth, and sleep with the lies
But nothing ever comes, out of your glassy eyes

A fire looming in my chest
Young days knocking on my head
Kiss me, kiss me and raise me from the dead
Like the spring, on an icy rose bed
Kiss me, kiss me and raise me from the dead
Before the yes-men erase me in the end

On getting closer, you come and disappear
I see you nowhere but you're always here
Your burning eyes seize me and surrender
I touch your lips and then we remember
Rotten logic coming through in waves
Crosses men with beasts down in the caves
So many ancient dreams, promises and pain
All buried in the dumps, of yellow mist and rain

A fire looming in my chest
Young days knocking on my head
Kiss me, kiss me and raise me from the dead
Like the spring, on an icy rose bed
Kiss me, kiss me and raise me from the dead
Before the yes-men erase me in the end
Kiss me, kiss me and raise me from the dead
Once upon a time, you came and then you left

22/2/14 revised, and put to music 14/5/19

3. Σάπια λογική

Κόκκινα φώτα και μύριες συνδέσεις
Ανάβουν στο μυαλό μου
Λάμψεις στις οθόνες, τρέχω να σωθώ
Από το είδωλό μου
Κάθε φορά από την αρχή, να πατάω όλη νύχτα τα κουμπιά.
Πώς να σε αγγίξω, αυτό το μοτίβο δεν βγάζει πουθενά
Σώνονται οι εραστές, μέσα στις συναλλαγές
Κι η σάπια λογική φτιάχνει από σένα μοναχά σκιές.
Όλη νύχτα μού λείπει η αλήθεια και κοιμάμαι μ' ένα ψέμα
Τα γυάλινα μάτια σου δεν λένε τίποτα για μένα

Μια φωτιά φουντώνει στο στήθος μου ασφυκτικά
Καινούργιες μέρες χτυπάνε στο μυαλό μου δυνατά
Φίλα με και φίλα με ξανά,
Ώσπου να σηκωθώ απ' τους νεκρούς
Σαν άνοιξη, που σκάει στους παγωμένους κορμούς.
Φίλα με και φίλα με ξανά,
Ώσπου να σηκωθώ απ' τους νεκρούς
Πριν αλλάξουν το πρόσωπο με κωδικούς.

Όσο πιο κοντά έρχομαι, τόσο φεύγεις πιο μακριά
Είσαι πάντα εδώ, μα δεν σε βλέπω πουθενά
Τα μάτια σου με τυλίγουν σαν πυρκαγιά
Και χάνομαι ξανά.
Αγγίζω τα χείλη σου και τότε σε θυμάμαι
Κύματα σάπιας λογικής, στις ακτές λυσσάνε
Σμίγουν τα θηρία με ανθρώπους, κάτω στις σπηλιές.
Τόσα όνειρα και υποσχέσεις, τόσος πόνος,
Θαμμένα στις χωματερές, κι εσύ, χαμένος ταχυδρόμος.

Μια φωτιά φουντώνει στο στήθος μου ασφυκτικά
Καινούργιες μέρες χτυπάνε στο μυαλό μου δυνατά.
Φίλα με και φίλα με ξανά,
Ώσπου να σηκωθώ απ' τους νεκρούς
Σαν Άνοιξη που σκάει στους παγωμένους κορμούς.
Φίλα με και φίλα με ξανά,
Ώσπου να σηκωθώ απ' τους νεκρούς
Κάποτε ήρθες, κι ύστερα έφυγες

Χωρίς εξήγηση καμιά

4. Settlers of Nowhere

I've been so long, on a nowhere road
Fed up again, with my daily role
Carrying out, a neat, suicide plan
Suiting all the governments selling dark
I've been so long, stuck, in a window case
A wax model, trading on my face
Getting alien to my own feel
Passing by, not knowing it's me

And if somewhere I'm still alive
Hold on for this beautiful ride
I'll take you up, I'll take you round
I'll take you to the path of memory ground
I'll take you up, I'll take you round
I'll take you to the love of no bound

I have so long settled, in a polling booth
Casting a vote for the blue moon
Getting old, waiting by the traffic lights
No track of you and your mystery eyes
I've humped so low, to be the door mat
For lunatics to step on, and blow it up
Getting deeper and deeper into debt
Losing dolphins, trees, seasons and myself

And if somewhere I'm still alive
Hold on for this beautiful ride
I'll take you up, I'll take you round
I'll take you to the path of memory ground
I'll take you up, I'll take you round
I'll take you to the love of no bound

17/9/19

4. Άποικοι του πουθενά

Χαμένος στους δρόμους του πουθενά από καιρό
Αηδιασμένος απ' τους ρόλους που φορτώσανε σε μένα
Μ' ένα σχέδιο αυτοκτονίας, που δεν ψήφισα ποτέ εγώ
Οι κυβερνήσεις πουλάνε το σκοτάδι για ημέρα.

Κολλημένος σε μια βιτρίνα από καιρό
Κέρινα ομοιώματα με χαμόγελα ραμμένα
Ξένος ακόμη και στον ίδιο μου τον εαυτό
Χωρίς να ξέρω, προσπερνάω ακόμη κι εμένα.

Κι αν κάπου είμαι ακόμα ζωντανός
Κρατήσου γι' αυτήν την όμορφη βόλτα στο φως.
Θα σε ανεβάσω ψηλά, θα σε γυρίσω παντού
Θα σε πάω πέρα από τη μεθόριο,
Θα σε ανεβάσω ψηλά, θα σε γυρίσω παντού
Θα σε πάω στην αγάπη, που δεν έχει όριο.

Βολεμένος με μια κάλπη από καιρό
Ρίχνω την ψήφο μου για το «μπλε φεγγάρι»
Γερνάω στα φανάρια, με το πράσινο σβηστό
Μόνο τα μάτια σου πρόλαβα να δω, πίσω απ' το τζάμι.

Έσκυψα τόσο χαμηλά που 'γινα χαλάκι βολικό
Να πατάνε οι σκιές, πριν τα τινάξουν όλα στον αέρα.
Μπήκα στο χρέος και πέφτω χωρίς τελειωμό
Χάνω δέντρα, δελφίνια, εποχές, χάνω κι εμένα.

Κι αν κάπου είμαι ακόμα ζωντανός
Κρατήσου γι' αυτήν την όμορφη βόλτα στο φως.
Θα σε ανεβάσω ψηλά, θα σε γυρίσω παντού
Θα σε πάω πέρα από τη μεθόριο,
Θα σε ανεβάσω ψηλά, θα σε γυρίσω παντού
Θα σε πάω στην αγάπη που δεν έχει όριο.

5. Can You Feel Me?

I've looked for you, so many times
On buses, subways and every passing face
I've asked for you, so many times
In stations, backstreets and every coffee place

Can you feel me now?
Milling about in a compromise
Can you feel me now?
With the sun freezing inside
Can you touch me?
When I'm nowhere in the night
Can you hold me?
When I'm kissing you good bye

I've seen you, so many times
A broken shadow roaming in the nights
I've come for you, so many times
Hiding in wagons carrying me for miles

Can you feel me now?
Caught in the net of decent lies
Can you read me now?
A fossil found in the ice
Can you feel me?
On the ripples of falling in love
Can you hold me?
Till your kisses bring me back

Can you feel me now?
A silent look by the traffic lights
Can you hold me now?
Till you see me come back alive.

Can you feel me now?
Can you feel me now?
Can you feel me now?

16/4/19

5. Μπορείς να με νιώσεις;

Σ' έψαξα τόσες φορές
Στα λεωφορεία, στον υπόγειο,
Στα πρόσωπα τα βιαστικά
Ρώτησα για σένα τόσες φορές
Σε σταθμούς, σοκάκια
Και σ' όλα τα café· που ξενυχτά η μοναξιά.

Μπορείς τώρα να με νιώσεις;
Στριφογυρίζω μέσα στον συμβιβασμό.
Μπορείς τώρα να με νιώσεις;
Ο ήλιος παγώνει μέσα μου κάθε λεπτό.
Μπορείς να μ' αγγίξεις;
Δεν είμαι πουθενά στη νύχτα αυτή.
Μπορείς να με κρατήσεις
Την ώρα που σου δίνω το στερνό φιλί;

Σ' έχω δει τόσες φορές
Κομμάτια από σκιές, μες στις νύχτες να γυρνάς.
Έχω έρθει για σένα τόσες φορές
Κρυμμένος στα βαγόνια που κουβαλάς.

Μπορείς να με νιώσεις τώρα
Πιασμένος στα καθώς πρέπει ψέματα του κράτους;
Μπορείς να με καταλάβεις τώρα
Ένα απολίθωμα που βρέθηκε στους πάγους;
Μπορείς να με νιώσεις
Στους κύκλους που κάνει το νερό
Όταν πέφτει το φεγγάρι;
Μπορείς να με κρατήσεις
Μέχρι τα φιλιά σου να με φέρουν πίσω πάλι;

Μπορείς να με νιώσεις τώρα
Ματιές φευγαλέες στα φανάρια;
Μπορείς να με κρατήσεις
Πριν μας παίξουνε στα ζάρια;

Μπορείς να με νιώσεις τώρα;
Μπορείς να με νιώσεις τώρα;
Μπορείς να με νιώσεις τώρα;

6. *Stars In The Aegean*

Times are changing, dawns of smiles
Winds are blowing in burning eyes

State jugglers with "decent" tricks
Kill for real and waste the kids
There came elected hounds
Dropping bombs and level the towns
Lost again on a maze screen
Talking to you but nobody's in
There came Paris, New York
Deaf and dumb to the herons last call

Woke up late within a debt ring
Got to see it all and done with it

> You came along, in the music of a song
> And I got here, matching every word
> You came along, in the blossoms of a spell
> And I got here, in the echoes of a shell

There came Lennon and Bruce
A nun on a Harley singing the blues

Saw you some place of indigo palms
Told me to stay, us and the gulls
Set up a stairway to sunny skies
Always open when I see your eyes
The train whistled your dream on board
Get on before you see me no more
Hold on to the falling stars
Climb on the vision that never comes

And all the faces of this great party
Turned to stars that shine at night

You came along, in the music of a song
And I got here, matching every word
You came along, in an all white gown
And I got here, only to be found...

12/10/19

6. Τ' άστρα του Αιγαίου

Οι καιροί αλλάζουν, χαμόγελα χαράζουν στα βουνά
Άγριοι άνεμοι φυσάνε και στα μάτια σου καίει μια φωτιά.

Οι ζογκλέρ του κράτους με νόμιμα χαρτιά
Σκοτώνουν στ' αλήθεια και χαλάνε τα παιδιά.
Στις εκλογές, κερδίζουν σήματα εμπορικά
Αυτοί που βομβαρδίζουν πόλεις και χωριά.
Χάθηκα ξανά στον λαβύρινθο μιας οθόνης με κουμπιά.
Σου μιλάω, αλλά μέσα απ' τις πλακέτες
Κανείς δεν απαντά.
Να το Παρίσι κι η Νέα Υόρκη με ασπίδες στα αυτιά.
Ο τελευταίος ερωδιός φωνάζει,
Μα κανείς δεν τον ακούει πια.

Ξύπνησα πάλι μες στο χρέος και τον εκβιασμό
Πρέπει όλο να το ξαναδώ, και να τελειώνω πια μ' αυτό.

Ήρθες στον δρόμο μου σαν μουσική
Που αγαπούσα από καιρό
Κι εγώ ταιριάζω κάθε λέξη μου
Στον δικό σου τον σκοπό.

Ήρθες στον δρόμο μου με τ' άνθη
Μιας μαγικής ευχής
Κι εγώ πλανιέμαι σαν μια ηχώ,
μέσα σ' ένα κοχύλι που βρήκες στον γιαλό.

Ήρθε ο Lennon, μαζί και ο Bruce.
Μια καλόγρια με Harley, που τραγουδούσε μπλουζ.

Κάπου σε είδα, με φοίνικες σε φόντο λουλακί.
Μου είπες να μείνω, οι γλάροι, εγώ κι εσύ.
Σήκωσα μια σκάλα ψηλά, στου ήλιου τον ναό
Εκεί που ανεβαίνω πάντα όταν σε φιλώ.
Το τραίνο σφυρίζει, το όνειρο ξεκινά.
Ανέβα τώρα, πριν όλα χαθούν στο πουθενά
Κρατήσου απ' τ' αστέρι που πέφτει ξαφνικά
Κάνε χώρο για το όραμα, που δεν φτάνει πουθενά.

Και όλοι οι φίλοι στη μεγάλη αυτή γιορτή
Έγιναν αστέρια, που λάμπουν στο Αιγαίο έως την αυγή.

Ήρθες στον δρόμο μου σαν μουσική
Που αγαπούσα από καιρό
Κι εγώ ταιριάζω κάθε λέξη μου
Στον δικό σου τον σκοπό.
Ήρθες στον δρόμο μου
Μ' ένα φόρεμα μακρύ λευκό
Κι εγώ σε ψάχνω παντού,
Μόνο και μόνο για να βρεθώ...

7. Innocence of Snow

Speak to me no more of steps we never made
And now this "progress" wants me to be a slave
Speak to me no more of dried up things
Speak to me no more of how it feels
Of years trapped in mist and lost in the wild
Of supermarkets trade on Che and T-shirts why

You must overcome those saying there is no change
They live on a lie,
Sinking deeper and deeper every day
You must reach out for the child's hovering dream
Before the garbage truck dumps it in the mill
We never learnt what it is to love and give
We managed to kill the people who really did

Speak to me more and more of things to come
Of bright eyes seeking the freedom land
Speak to me more and more of things you love
Speak to me more and more of what's in your heart
The sun will reach your eyes and caress your hair
Eluding all the wires, and gunmen no matter where

You know nothing of me and we live apart
I know nothing of you but have you in my heart
You must overcome the money that leaves you blind
The party men that seize your body
And chain your mind

Freedom is a journey on the innocence of snow
The things we haven't done,
The long wild roads to go

Speak to me more and more of things you love
Speak to me more and more of things to come
Freedom is a journey on the innocence of snow

The things we haven't done,
The long wild roads to go

The things we haven't done,
The long wild roads to go

Domestic Mail 1980, rev. 20/11/2019

7. Η αθωότητα του χιονιού

Μην μου μιλήσεις άλλο
Για τα βήματα που δεν κάναμε παλιά
Και τώρα, αυτή η «πρόοδος»
Μας θέλει σκλάβους στο πουθενά.
Μην μου μιλήσεις άλλο
Για τις μέρες που χάθηκαν μέσα στη φωτιά
Μη μου μιλήσεις άλλο,
Για τον πόνο, την πίκρα και τη λησμονιά.

Για τα χαμένα χρόνια που δεν βρέθηκαν ποτέ
Τα supermarkets που πουλάνε αφίσες του Τσε

Πρέπει να προλάβεις αυτούς που λένε
«τίποτα δεν αλλάζει»
Γιατί ζούνε μ' ένα ψέμα που συνεχώς βουλιάζει.
Πρέπει να προλάβεις τα όνειρα που έχουν τα παιδιά
Πριν τα φορτηγά του Δήμου τα ρίξουν όλα σε κελιά.

Ποτέ δεν μάθαμε να δίνουμε και ν' αγαπάμε
Σκοτώσαμε αυτούς που το 'καναν
Και πάντα τους ξεχνάμε.

Μίλησέ μου μόνο γι' αυτά που τώρα είναι στον δρόμο
Για μάτια φωτεινά και λεύτερα, έξω από τον χρόνο.
Μίλησέ μου μόνο
Για τα πράγματα που μέσα σου κρατάς
Μίλησέ μου κι άλλο για όλα εκείνα που αγαπάς.

Λίγος ήλιος θα χαϊδεύει τα μαλλιά σου,
Μέσα στο βουητό και τη φασαρία,
Όσος κατάφερε να ξεγλιστρήσει
Απ' τις ερπύστριες που φτάσαν στην πλατεία

Δεν ξέρεις τίποτα για μένα και ζούμε χώρια
Δεν ξέρω τίποτα για σένα, μα σ' αγαπάω ακόμα.
Πρέπει να προλάβεις το χρήμα που σ' άφησε τυφλό
Το κόμμα που έδεσε μ' αλυσίδες το μυαλό.

Ελευθερία είναι το ταξίδι πάνω στο αθώο χιόνι
Δρόμοι μακρινοί
Και πράγματα που δεν έχουμε κάνει ακόμη.

Μίλησέ μου μόνο γι' αυτά που μέσα σου κρατάς
Μίλησέ μου κι άλλο για όλα εκείνα που αγαπάς.

Ελευθερία είναι το ταξίδι πάνω στο αθώο χιόνι
Δρόμοι μακρινοί
Και πράγματα που δεν έχουμε κάνει ακόμη.

8. *Arcadia*

To my parents, Nickolas and Eoanna,
my sisters Athina, Christina, Maria,
and my brother Sotiris,
all on board the train

PART I

Born by the fire at dawn in Arcadia '46
Young mother and granny, the midwife and me

It was November and Orion shone above
Rebels on the mountains chasing the Fall
Unfinished words fading in the music of a stream
Faces scarred in Civil War I felt the snails scream

My teacher urged me to study the melody tales
I heard the snowflakes sound the infinity trails
War-crippled Daddy seizing on the family and me
A whole country on the move ready to flee

We sold more than a donkey one day in ’59
Bought tickets to Athens by train flying blind
The engine at the station among clouds of steam
I wanted to be the driver of this passing dream

Stood still in the carriage the station moved back alone
The rail-man sent a message in Morse code
We got to the city at dusk stunned by the lights
Luggage and family on a van of promising lies

The days of innocence came slowly to an end
Packed in a tube for lunatics to run a test

Arcadia, Arcadia in the wilds
Arcadia, Arcadia in your eyes

12/11/19

8. Αρκαδία

Στους Γονείς μου, Νικόλα και Ιωάννα,
στις αδελφές μου, Αθηνά, Χριστίνα, Μαρία,
και στον αδελφό μου Σωτήρη,
όλοι μαζί σ' αυτό το τρένο.

Ι

Γεννήθηκα δίπλα στο τζάκι,
Αρκαδία του '46 στο χωριό
Η μητέρα, η γιαγιά, η μαμή, και ανύποπτος εγώ.
Νοέμβρης ήταν, κι ο Ωρίωνας έλαμπε στον ουρανό
Αντάρτες ακόμη στα βουνά και το φθινόπωρο πικρό.

Μισοτελειωμένα λόγια
Έσβηναν στη μουσική των ποταμών.
Πρόσωπα σημαδεμένα στον Εμφύλιο
Και κραυγές σαλιγκαριών.
Ο δάσκαλος μου έλεγε
Να μαζεύω όμορφες παρομοιώσεις
Άκουγα το Άπειρο,
Με τις νιφάδες του χιονιού, να λύνει εξισώσεις.

Ανάπηρος πολέμου ο Πατέρας
Κι η Μητέρα, βράχος να σώσει τη φαντασία.
Μια χώρα ολόκληρη στις ουρές,
Για Ευρώπη κι Αυστραλία
Μια μέρα του '59, ένα γαϊδουράκι πουλήσαμε φτηνά,
Και πήραμε τα εισιτήρια για Αθήνα
Πετώντας μάλλον στα τυφλά.

Θεόρατη μια μηχανή φτάνει στον σταθμό,
Μέσα σε σύννεφα από ατμούς.
Αυτό το όνειρο ήθελα να οδηγώ, για τόπους μακρινούς.
Ακίνητοι εμείς μες στο βαγόνι,
Βλέπαμε έκπληκτοι τον σταθμό, πίσω να πηγαίνει
Κι ο Σταθμάρχης με τον κώδικα του Μορς,
Στο μέλλον μήνυμα να στέλνει

Φτάσαμε στην Αθήνα σούρουπο,
Μαγεμένοι απ' τα φώτα.
Πράγματα, οικογένεια, ψέματα κι αλήθειες,
Όλα μαζί σε μια καρότσα.
Οι μέρες της αθωότητας έφταναν στο τέλος
Κι όλοι εμείς, σ' ένα σωλήνα δοκιμαστικό,
Αριθμοί και πείραμα για κέρδος.

Αρκαδία, Αρκαδία
Αγγίζω τα ερημικά σου μονοπάτια.
Αρκαδία, Αρκαδία
Ξαναγεννιέμαι στα μυθικά σου μάτια.

PART 2

Pink Floyd, the Beatles and the Rolling Stones
Out in the wild loneliness
Connecting dead phones

With a wire fence around, how can a flower be
Stockbrokers wanted a bankrupt out of me
The military coup one night in '67
Made the nightmares real and locked the heaven

The times I fell in love a prison van
Stood in the way
Money was always behind in everything
I wanted to say
I became a consumer, a number
And a robot to be
A bearer of state-lies never feeling free

I am telling you this story
By the old station clock
The rails are still in place but the train is lost
You got all the hidden riddle open by now
The train is you and you are to be found

Born by the fire down in Arcadia twice
One in the hearth and the other in your eyes
Living on a borrowed present
The future decently gone
I' m asking you to stay alive
All the way back home

The fire still burning
In the wilderness of my mind
The rail man sent a message
To someone deep inside

Arcadia, Arcadia in the wilds
Arcadia, Arcadia in your eyes

II

Pink Floyd, Beatles, Rolling Stones
Και όλη του '60 η γενιά
Αγριεμένοι μες στη μοναξιά,
Συνδέαμε τηλέφωνα που ήτανε νεκρά.

Μ' ένα συρματόπλεγμα ολόγυρα,
Πώς μπορεί ένα λουλούδι να βγάλει ανθό;
Μεσίτες και χρηματιστές,
Με ήθελαν χρεοκοπημένο και λειψό.
Μια νύχτα το '67
Η χούντα κατέβασε στους δρόμους τον στρατό
Γέμισε τα μάτια μ' εφιάλτες
Και κλείδωσε τον ουρανό.

Κάθε φορά που ερωτευόμουν,
Πάντα μια κλούβα έμπαινε μπροστά.
Το χρήμα ήταν πάντα πίσω απ' ό,τι ήθελα
Να φωνάξω δυνατά.
Έγινα καταναλωτής, θεατής, ρομπότ και αριθμός
Κουβαλούσα τα ψέματα του κράτους,
Και δεν ένιωθα ποτέ αληθινός.

Σου λέω αυτή την ιστορία
Κάτω απ' το ρολόι, στον σταθμό.
Οι γραμμές είναι ακόμη εδώ,
Αλλά το τραίνο έχει χαθεί καιρό.
Θα πρέπει να 'χεις λύσει ως τώρα,
Αυτόν τον γρίφο της σιωπής.
Το τραίνο ήσουν πάντα εσύ,
Αλλά, πρώτα, πρέπει να βρεθείς.

Στην Αρκαδία του Νοέμβρη
Γεννιέμαι πάλι δυο φορές.
Μια δίπλα στο τζάκι,
Και την άλλη, στα μάτια σου, μες στις φωτιές.
Ζώντας σ' ένα δανεικό παρόν,
Το μέλλον πέφτει στο κενό.
Σου ζητάω να μείνεις ζωντανός,
Σ' όλο τον δρόμο πίσω στον σταθμό.

Η φωτιά καίει ακόμη,
Στου μυαλού μου την άγρια ερημιά
Κι ο Σταθμάρχης στέλνει σήμα
Σ' αυτόν που στο βάθος ξαγρυπνά.

Αρκαδία, Αρκαδία
Αγγίζω τα ερημικά σου μονοπάτια
Αρκαδία, Αρκαδία
Ξαναγεννιέμαι στα μυθικά σου μάτια.

9. *What Has Become of You?*

Faces come and faces go
No trace of you, three nights in a row
High waves, sweeping *inside*
Wrecks of eyes cast, in the wild

How I got to this nowhere place?
A bankrupt of fantasy, a borrowed face
I only had me smile and pretend
Never stood up to give it an end

What has become of you?
What has become of you?
Hunted down the road fading in the blue
A bus with loneliness on board,
The shadows of colors and you

I' m asking the stars again
Night after night, till the end
Is it me or is it you?
Or a Fairy Tale I once knew

Days in and days out
Empty streets all across the town
Nobody walks, except the moonlight
If you hear me, it's a sold-out night

Hardly do you come of age
So beautiful and strange
A Giant Sun out of the dark
Coming over the rebels of your heart

What has become of me?
What has become of me?
Lost in the Promises of a ruined future to be
Taken in and chained
To a high definition screen

I' m asking the stars again
Night after night, till the end
Is it me or is it you?
Or a fairy Tale I once knew

29/1/16, Rev. 15/8/20

9. *Τι απέγινες εσύ;*

Πρόσωπα έρχονται και πρόσωπα φεύγουν
Τεράστια κύματα μέσα μου ανεβαίνουν
Έχω να σε δω τρεις νύχτες στη σειρά
Τα μάτια σου ναυάγια
Που σαλεύουν σε κάποια αμμουδιά.

Πώς έφτασα ως εδώ, ένας γέρος τού πουθενά
Μπατίρης φαντασίας, με πρόσωπα δανεικά;
Ποτέ δεν ύψωσα φωνή να δώσω ένα τέλος
Έμαθα να προσποιούμαι
Και να βγαίνω μετά χαμένος.

Τι απέγινες εσύ; Τι απέγινες εσύ;
Κυνηγημένη σβήνεις μες στη γαλάζια καταχνιά
Πλοίο άγονης γραμμής φορτωμένο μοναξιά.
Σκιές χρωμάτων,
Και συ μια αναπάντητη ματιά.

Ρωτάω ξανά τ' αστέρια
Όλη νύχτα μες στην παγωνιά
Να είσαι άραγε εσύ; Ή μήπως είμαι εγώ;
Ή ένα παραμύθι που βγήκε αληθινό;

Μέρες έρχονται και μέρες φεύγουν
Άδειοι δρόμοι, τ' αγάλματα σωπαίνουν.
Κανείς δεν περπατά, μονάχα το φεγγάρι.
Η νύχτα ξεπούλησε φτηνά κι αυτό το βράδυ.

Εσύ δεν φαίνεται ποτέ σου να γερνάς
Τόσο όμορφη και παράξενη όταν με κοιτάς.
Ένας ήλιος που βγαίνει απ' το σκοτάδι
Ένας αντάρτης που γεννιέται μ' ένα χάδι.

Τι απέγινα εγώ; Τι απέγινα εγώ;
Χαμένος σ' υποσχέσεις,
Και δίαυλους από σιλικόνη
Παραπλανημένος,
Σαν ένα δέντρο που κρυώνει
Δεμένος σε μια υψηλής ευκρίνειας οθόνη.

Ρωτάω ξανά τ' αστέρια
Όλη νύχτα μες στην παγωνιά
Να είσαι άραγε εσύ; Ή μήπως είμαι εγώ;
Ή ένα παραμύθι που βγήκε αληθινό;

Biographical Note

Andreas Pantazis was born in the village of Chrani (prefecture of Arcadia, Southern Hellas), in 1947.

He has studied English & Social Sciences and has worked with children, as a teacher of English, up to the present time.

He likes to picture himself as "*an eternal student of Planets, Stars and Galaxies at the University of Nature, attending Classes of Flowers, Flocks of birds, Rivers and Mountain Crests; continually starting out journeys across the indigo blue eyes and seas, continents of Myths and visions of Human Nature*".

Having earnestly engaged himself in writing, he produced works of various modes, but is always in love with Poetry. He is living in Athens, Hellas, and has published the following:

Poetry:

DOMESTIC MAIL / Athens 1980, Personal Edition
PHOINICOUNDA / Athens 1983, Techno-films Editions
HELIUM, KRYPTON AND XENON / Athens 1984, ELEFTHEROS TYPOS Editions
THE MAUVE DELTA / Athens 1988, OMBRELA Editions
THE EPSILON OF AURIGAE / LONDON 1990, FOREST BOOKS
TRANSENDENCE / Athens 1994, Personal Edition
OF COSMIC DUST / Athens 2000, Personal Edition
THE SILENT TOUCH OF EROS / Athens 2001, A. Pantazis Literary Editions
EROSCENE / to be published

Poetic Prose:

A DIVISION'S REMAININGS / Athens 1984, ELEFTHEROS TYPOS Editions
THE ERONAUTS CAMPAIGN INLAND / Athens 1997, IDMON Editions
EAST OF THE SUN / Athens 2000, IDMON Editions
ARGO, THE LANGUAGE OF RETURN / Athens 2010, IDMON Editions
EROTOPIA / Athens 2016, IDMON Editions

Lyrics:

STIXOMYTHIE, CENTAUR BLOSSOMS & THE SEAS OF AQURIUS /
Athens 1996, Personal Editions

Plays:

UTOPIA (From the collection HOMESICK SHIPS)
Staged at PETRAS THEATER / Athens 2006 & 2007

Literary & Philosophical Inquiries:

EXISTING AND ACTING *POTENTIALITY*
IN THE CONTEXT OF LATENT HUMAN AWARENESS
Athens 2021 MEDITERRA BOOKS

Music:

PHOVAMAI 1981
Lyrics: Andreas Pantazis
Voice: Vasilis Papakonstantinou
Music: Yiannis Zouganelis

IF 2013
Lyrics: Andreas Pantazis
Music: Theodoros Dremetsikas
Voice: Natalia Kotsani

CENTAUR BLOSSOMS 2014

Lyrics: Andreas Pantazis

Music: Aris Tsoukandas & Natalia Kotsani

Voice: Natalia Kotsani

Vasilis Papakonstantinou, Lavrendis Mahairitsas

SIGMA 2016

Lyrics: Andreas Pantazis

Music: Theodoros Dremetsikas

Voice: Irida Zorba

STATION 2019

Lyrics, Music & Voice: Andreas Pantazis

SETTLERS OF NOWHERE 2021

Lyrics, Music & Voice: Andreas Pantazis

www.ingramcontent.com/pod-product-compliance
Lightning Source LLC
LaVergne TN
LVHW041252150826
845673LV00008B/2552

* 9 7 8 6 1 8 5 1 8 6 5 5 5 *